华语阅读金字塔·12级
Sinolingua Reading Tree Level 12

⑧ **中式早餐和西式早餐**
Chinese and Western Breakfasts

Victor Siye Bao（鲍思冶） 曾凡静 编著
卢　敏 翻译
王点意绘图工作室 绘画

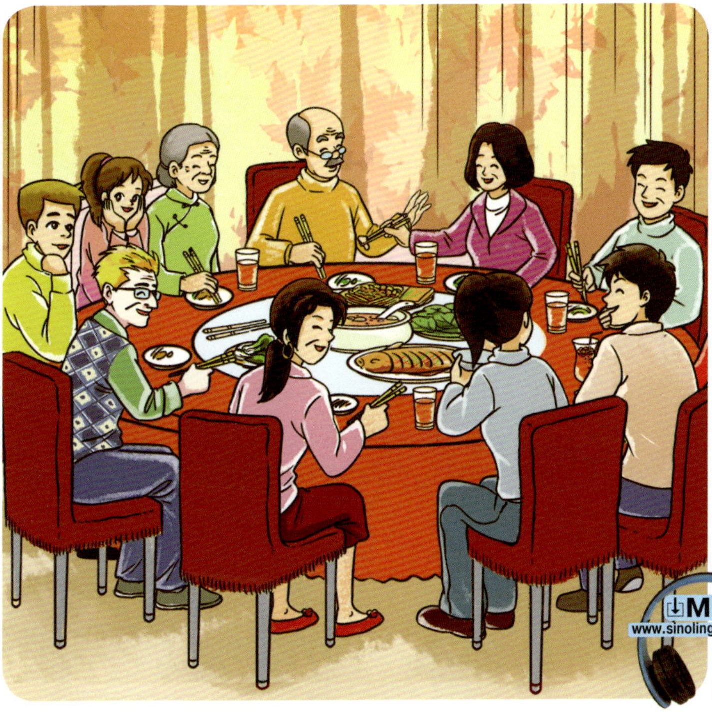

今年过年的时候,跳跳家和姑姑家都回到了中国。因为大家都既喜欢中餐也喜欢西餐,年夜饭中西合璧。大家聊起了中餐和西餐的话题,跳跳妈妈说起了十几年前和姑姑一家人在新加坡见面的往事。

在跳跳八岁那年,因为他的爸爸妈妈在新加坡找到新工作,他们全家人搬到了新加坡。爸爸妈妈都要上班,没有人照顾豆豆、跳跳和咪咪。妈妈决定去用人中介公司找一个能住在家里的用人,负责照顾孩子们、给全家人做饭、接送孩子们上下学、打扫卫生等。

妈妈带回来一位菲律宾用人,她叫目目。目目来家里的第一天,妈妈和她一起制定了一份早餐菜单。

星期一

星期二

　　星期一，目目六点起床，熬了稀饭，蒸了小笼包，煮了五个鸡蛋。星期二，目目六点起床，做了豆浆，煮了五个鸡蛋，还到楼下买了点半起床，熬了稀饭，做了鸡蛋饼和凉拌黄瓜。星期四，目目五点做了馒头，还炒了一个青菜。星期五，目目六点半起床，熬了绿豆蒸了花卷。星期六，目目五点起床，熬了皮蛋瘦肉粥，还做了牛肉期六的早餐了。星期天，目目六点起床，煮了云吞面，咪咪吃了三碗，

星期天

星期三

星期四

星期五

星期六

全家人都吃得很开心。
油条。星期三,目目五
四十起床,熬了八宝粥,
稀饭,煎了五个鸡蛋,
馅饼。跳跳最喜欢吃星
她很喜欢吃云吞面。

每天早上的早餐都特别好吃，全家人都特别喜欢吃目目做的中式早餐。看到大家都爱吃自己做的早餐，目目也特别高兴。

两个星期很快就过去了，跳跳的姑姑打电话说他们全家要来新加坡旅游。跳跳的姑姑嫁给了一个英国人，他们有两个孩子，全家生活在英国。虽然两家的孩子们好几年没有见面了，但是经过一番自我介绍，很快他们就在一起开心地玩起来了。

跳跳妈妈看乔治和苏菲都吃不惯中式早餐，赶紧去超市买了面包、蛋糕、黄油、牛奶和草莓酱。他们一边接过早餐，一边道谢。两个人都非常饿，赶快吃了起来。平实妈妈很少让咪咪吃甜甜的食物，这回咪咪有机会吃啦。蛋糕又甜又松软，咪咪边吃边说"好吃"。妈妈在一旁笑了起来。

乔治说："西式早餐容易让人接受吧！一般西式早餐有蛋糕、面包、牛奶、芝士、鸡蛋和麦片，还有黄油和各种果酱，这些涂在面包上超级好吃。明天早晨，我来给大家做一次正宗的西式早餐怎么样？"

第三天,乔治给大家做了西式早餐,有煎培根、煎蛋、西红柿炖黄豆、炸土豆,还有酸奶。他准备的餐具是刀、叉子和勺子。豆豆、跳跳和咪咪都吃得很开心,嘴里不停地说:"好好吃!爸爸妈妈也快来吃西式早餐呀。以后我们也每周吃几次西式早餐,让早餐更多样吧。"

　　妈妈听了说:"好啊。苏菲、乔治,难得你们来叔叔婶婶家玩儿,明天让目目给大家做超级好吃的上海小笼包怎么样?你们一定会喜欢的。""嗯,我会试试看的。"苏菲和乔治不太积极地小声说。"太好啦!"豆豆、跳跳和咪咪大声欢呼。

第四天早晨,目目把做好的稀饭、上海小笼包和煮鸡蛋摆到桌上。苏菲坐下来尝了一口小笼包,一脸惊喜,"太好吃了,怎么说来着——上海小笼包真美味呀。我说得对吗?"她一边叫乔治快来尝尝,一边吃下了五个小笼包。乔治尝了以后,也是赞不绝口。他们在新加坡的日子从那天起,早餐都是一天西式,一天中式,大家吃得都非常开心。

临走的那天,大家坐在客厅聊天。苏菲说:"这段时间我尝到了中式早餐的味道,有的一开始我就喜欢,有的刚开始我不喜欢,后来慢慢喜欢了,有的到现在我还是不喜欢。我还知道了同样的面粉做法不同,原来可以做出完全不同的味道来。"姑父说:"欧洲人喜欢喝牛奶、吃乳制品,是因为那里有很多奶牛,鲜牛奶产量很大,除了制成保存时间短的饮用牛奶以外,还制成保存时间长些的奶酪等乳制品,

这些都是欧洲家庭的生活必需品。"爸爸说:"因为我们这里大米和黄豆产量很高,所以我们喜欢吃米饭、喝米粥和豆浆。每个地域的人都充分利用自己的现有资源,人类真是太聪明了。"

姑姑说："他们现在接受中式早餐了，看来回到伦敦，我得多做中餐了。周末时，全家还可以多去唐人街吃吃中餐。"妈妈说："我们以后也可以多尝试些西餐。其实，不管中餐还是西餐，只要有营养、能吃得惯就好！"

这么多年过去了，孩子们都慢慢长大，他们中餐和西餐都喜欢。

PROJECT

研究一下中国人早餐都吃什么。列出十项中国人早餐经常吃的食物,每一项食物的原料、制作方法等。做成PPT（或iMovie或eBook）跟同学们分享。

练习1　根据故事内容及你搜到的资料写一写

中式早餐吃什么	西式早餐吃什么	你自己国家早餐吃什么

相同 / 相似之处：_____

不同之处：_____

原因：_____

让你最吃惊的是：_____

练习2 写一写

假设你是故事中跳跳的姑姑,回到英国以后,你想向社区的中文社刊投稿,把你在新加坡的经历写成一篇文章。

练习3 请你根据故事内容和你自己的情况,列出你家一个星期的早餐食谱

	早餐食谱
星期一	
星期二	
星期三	
星期四	
星期五	
星期六	
星期日	

练习4　完成句子填空，然后根据故事排出正确顺序

> 照顾　中式　虽然　制定　旅游　正宗　每周
> 慢慢　接受　味道　难得　其实　准备　惊喜
> 吃不惯　入乡随俗　赞不绝口　不太积极

( )　临走的那天，大家坐在客厅聊天。苏菲说："这段时间我尝到了中式早餐的_____，有的一开始我就喜欢，有的刚开始我不喜欢，后来慢慢喜欢了，有的到现在我还是不喜欢。"

( )　目目来家里的第一天，妈妈和她一起_____了一份早餐菜单。

( )　妈妈听了说："好啊。苏菲、乔治，_____你们来叔叔婶婶家玩儿，明天让目目给大家做超级好吃的上海小笼包怎么样？你们一定会喜欢的。""嗯，我会试试看的。"苏菲和乔治小声地说。

( )　跳跳的姑姑嫁给了一个英国人，他们有两个孩子，全家生活在英国。_____两家的孩子们好几年没有见面了，但是经过一番自我介绍，很快他们就在一起开心地玩起来了。

( )　第三天，乔治给大家做了西式早餐，他_____的餐具是刀、叉子和勺子。

( )　第二天早上，目目做的稀饭、鸡蛋饼和凉拌黄瓜，乔治和苏菲都不喜欢吃。苏菲说她想吃西式早餐，姑姑笑着说："中式早餐的品种多，营养均衡，味道也不错，你们为什么不尝尝呢？你们要_____，争取早点儿适应这里的中式早餐呀。"

( )　这么多年过去了，孩子们都_____长大，他们中餐和西餐都喜欢。

( )　在跳跳八岁那年，他们全家搬到了新加坡。爸爸妈妈都要上班，没有人_____三个孩子。妈妈决定去用人中介公司找一个能住在家里的用人。妈妈带回来一位菲律宾用人，她叫目目。

( )　跳跳妈妈看乔治和苏菲都_____中式早餐，赶紧去超市买了面包、蛋糕、黄油、牛奶和草莓酱。他们一边接过早餐，一边道谢。

( )　第四天早晨，目目把做好的稀饭、上海小笼包和煮鸡蛋摆到桌上。苏菲坐下来尝了一口小笼包，一脸_____，"太好吃了。"她一边叫乔治快来尝尝，一边吃下了五个小笼包。

( )　妈妈说："我们以后也可以尝试些西餐。_____，不管中餐还是西餐，只要有营养、能吃得惯就好！"

( )　每天早上的早餐都特别好吃，全家人都特别喜欢吃目目做的_____早餐。看到大家都爱吃自己做的早餐，目目也特别高兴。

( )　乔治说："西式早餐容易让人接受吧！明天早晨，我来给大家做一次_____的西式早餐怎么样？"

( )　两个星期很快就过去了，跳跳的姑姑打电话说他们全家要来新加坡_____。

( )　乔治尝了以后，也是_____。他们在新加坡的日子从那天起，早餐都是一天西式，一天中式，大家吃得都非常开心。

( )　姑姑说："他们现在_____中式早餐了，看来回到伦敦，我得多做中餐了。周末时，全家还可以多去唐人街吃吃中餐。"

( )　豆豆、跳跳和咪咪都吃得很开心，嘴里不停地说："好好吃！爸爸妈妈也快来吃西式早餐呀。以后我们也_____吃几次西式早餐，让早餐更多样吧。"

八宝粥	嫁
bābǎozhōu / eight-treasure rice porridge	jià / (of woman) marry
营养均衡	餐具
yíngyǎng jūnhéng / balanced in nutrition	cānjù / tableware
赞不绝口	唐人街
zànbùjuékǒu / be full of praise	Tángrén Jiē / Chinatown
资源	稀饭
zīyuán / resource	xīfàn / porridge

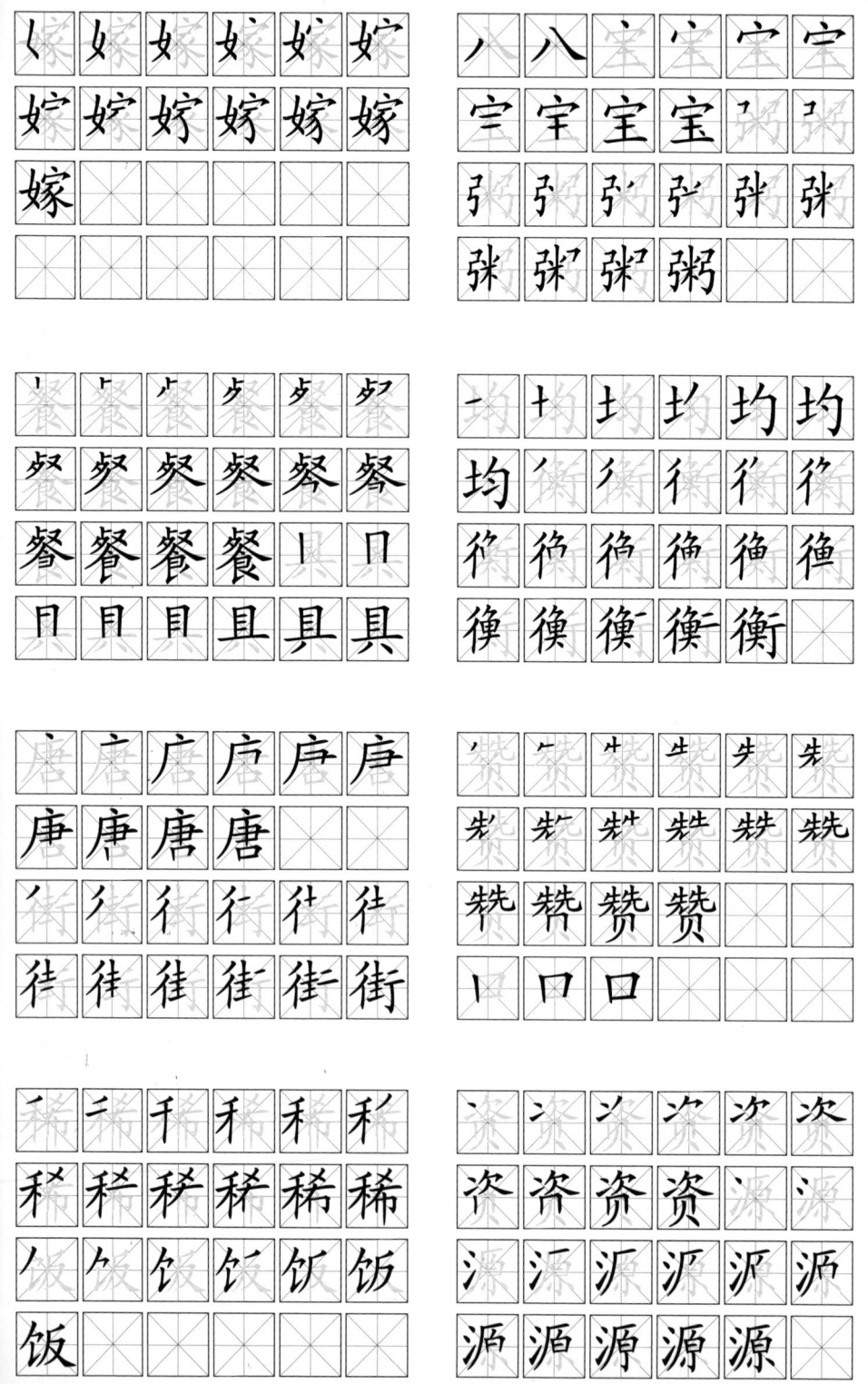

词汇表 Vocabulary

用人	yòngren	maid
中介公司	zhōngjiè gōngsī	agency
稀饭	xīfàn	porridge
八宝粥	bābǎozhōu	eight-treasure rice porridge
皮蛋瘦肉粥	pídànshòuròuzhōu	boiled porridge with minced pork and preserved egg
嫁	jià	(of woman) marry
营养均衡	yíngyǎng jūnhéng	balanced in nutrition
入乡随俗	rùxiāng-suísú	do as the Romans do when in Rome
餐具	cānjù	tableware
赞不绝口	zànbùjuékǒu	be full of praise
乳制品	rǔzhìpǐn	dairy products
奶酪	nǎilào	cheese
必需品	bìxūpǐn	daily necessities
唐人街	Tángrén Jiē	Chinatown
资源	zīyuán	resource

用拼音读一读
Pinyin Version

　　Jīnnián guònián de shíhou, Tiàotiao jiā hé gūgu jiā dōu huídàole Zhōngguó. Yīnwèi dàjiā dōu jì xǐhuan zhōngcān yě xǐhuan xīcān, niányèfàn zhōngxī-hébì. Dàjiā liáoqǐle zhōngcān hé xīcān de huàtí, Tiàotiao māma shuōqǐle shíjǐ nián qián hé gūgu yì jiā rén zài Xīnjiāpō jiànmiàn de wǎngshì.

　　Zài Tiàotiao bā suì nà nián, yīnwèi tā de bàba māma zài Xīnjiāpō zhǎodào xīn gōngzuò, tāmen quán jiā rén bāndàole Xīnjiāpō. Bàba māma dōu yào shàngbān, méiyǒu rén zhàogù Dòudou, Tiàotiao hé Mīmi. Māma juédìng qù yòngren zhōngjiè gōngsī zhǎo yí gè néng zhù zài jiā li de yòngren, fùzé zhàogù háizimen, gěi quán jiā rén zuò fàn, jiēsòng háizimen shàng-xiàxué, dǎsǎo wèishēng děng. Māma dài huílai yí wèi Fēilǜbīn yòngren, tā jiào Mùmu. Mùmu lái jiā li de dì-yī tiān, māma hé tā yìqǐ zhìdìngle yí fèn zǎocān càidān.

　　Xīngqī yī, Mùmu liù diǎn qǐchuáng, áole xīfàn, zhēngle xiǎolóngbāo, zhǔle wǔ gè jīdàn. Quán jiā rén dōu chī de hěn kāixīn. Xīngqī èr, Mùmu liù diǎn qǐchuáng, zuòle dòujiāng, zhǔle wǔ gè jīdàn, hái dào lóu xià mǎile yóutiáo. Xīngqī sān, Mùmu wǔ diǎn bàn qǐchuáng, áole xīfàn, zuòle jīdànbǐng hé liángbànhuángguā. Xīngqī sì, Mùmu wǔ diǎn sìshí qǐchuáng, áole bābǎozhōu, zuòle mántou, hái chǎole yí gè qīngcài. Xīngqī wǔ, Mùmu liù diǎn bàn qǐchuáng, áole lǜdòu xīfàn, jiānle wǔ gè jīdàn, zhēngle huājuǎn. Xīngqī liù, Mùmu wǔ diǎn qǐchuáng, áole pídànshòuròuzhōu, hái zuòle niúròu xiànbǐng. Mīmi zuì xǐhuan chī xīngqī liù de zǎocān le. Xīngqītiān, Mùmu liù diǎn qǐchuáng, jiānle yúntūnmiàn, Mīmi chīle sān wǎn, tā hěn xǐhuan chī yúntūnmiàn.

　　Měi tiān zǎoshang de zǎocān dōu tèbié hǎochī, quán jiā rén dōu tèbié xǐhuan chī Mùmu zuò de zhōngshì zǎocān. Kàndào dàjiā dōu ài chī zìjǐ zuò de zǎocān, Mùmu yě tèbié gāoxìng.

　　Liǎng gè xīngqī hěn kuài jiù guòqu le, Tiàotiao de gūgu dǎ diànhuà shuō tāmen quán jiā yào lái Xīnjiāpō lǚyóu. Tiàotiao de gūgu jià gěi le yí gè Yīngguórén, tāmen yǒu liǎng gè háizi, quán jiā shēnghuó zài Yīngguó. Suīrán liǎng jiā de háizimen hǎo jǐ nián méiyǒu jiànmiàn le, dànshì jīngguò yì fān zìwǒ jièshào, hěn kuài tāmen jiù zài yìqǐ kāixīn de wán qǐlai le.

　　Kěshì, dì-èr tiān zǎoshang, Mùmu zuò de xīfàn, jīdànbǐng hé liángbànhuángguā, Qiáozhì hé Sūfēi dōu bù xǐhuan chī. Sūfēi shuō tā xiǎng chī xīshì zǎocān, gūgu xiàozhe shuō: "Zhōngshì zǎocān de pǐnzhǒng hěn duō, yǒu bāozi, mántou, huājuǎn, yóutiáo, bǐng, zhōu, dòujiāng, hái yǒu gè zhǒng xiǎocài, yíngyǎng jūnhéng, wèidào yě búcuò, nǐmen wèi shénme bù chángchang ne? Nǐmen yào rùxiāng-suísú, zhēngqǔ zǎo diǎnr shìyìng zhèlǐ de zhōngshì zǎocān ya."

　　Tiàotiao māma kàn Qiáozhì hé Sūfēi dōu chī búguàn zhōngshì zǎocān, gǎnjǐn qù chāoshì mǎile miànbāo, dàngāo, huángyóu, niúnǎi hé cǎoméijiàng. Tāmen yìbiān jiēguò zǎocān, yìbiān dàoxiè. Liǎng gè rén dōu fēicháng è, gǎnkuài chīle qǐlai. Píngshí māma hěn shǎo ràng Mīmi chī tiántián de shíwù, zhè huí Mīmi yǒu jīhuì chī la. Dàngāo yòu tián yòu sōngruǎn, Mīmi biān chī biān shuō "hǎochī". Māma zài yìpáng xiàole qǐlai.

　　Qiáozhì shuō: "Xīshì zǎocān róngyì ràng rén jiēshòu ba! Yìbān xīshì zǎocān yǒu dàngāo, miànbāo, niúnǎi, zhīshì, jīdàn hé màipiàn, hái yǒu huángyóu hé gè zhǒng guǒjiàng, zhèxiē tú zài miànbāo shang chāojí hǎochī. Míngtiān zǎochen, wǒ lái gěi dàjiā zuò yí cì zhèngzōng de xīshì zǎocān zěnmeyàng?"

Dì-sān tiān, Qiáozhì gěi dàjiā zuòle xīshì zǎocān, yǒu jiān péigēn, jiāndàn, xīhóngshì dùn huángdòu, zhá tǔdòu, hái yǒu suānnǎi. Tā zhǔnbèi de cānjù shì dāo, chāzi hé sháozi. Dòudou, Tiàotiao hé Mīmi dōu chī de hěn kāixīn, zuǐ li bù tíng de shuō: "Hǎo hǎochī! Bàba māma yě kuàilái chī xīshì zǎocān ya. Yǐhòu wǒmen yě měi zhōu chī jǐ cì xīshì zǎocān, ràng zǎocān gèng duōyàng ba."

Māma tīngle shuō: "Hǎo a. Sūfēi, Qiáozhì, nándé nǐmen lái shūshu shěnshen jiā wánr, míngtiān ràng Mùmu gěi dàjiā zuò chāojí hǎochī de shànghǎixiǎolóngbāo zěnmeyàng? Nǐmen yídìng huì xǐhuan de." "Ng, wǒ huì shìshi kàn de." Sūfēi hé Qiáozhì bú tài jījí de xiǎoshēng shuō. "Tài hǎo la!" Dòudou, Tiàotiao hé Mīmi dàshēng huānhū.

Dì-sì tiān zǎochen, Mùmu bǎ zuò hǎo de xīfàn, shànghǎixiǎolóngbāo hé zhǔjīdàn bǎi dào zhuō shang. Sūfēi zuò xiàlai chángle yì kǒu xiǎolóngbāo, yì liǎn jīngxǐ, "Tài hǎochī le, zěnme shuō láizhe——shànghǎixiǎolóngbāo zhēn měiwèi ya. Wǒ shuō de duì ma?" Tā yìbiān jiào Qiáozhì kuài lái chángchang, yìbiān chīxiàle wǔ gè xiǎolóngbāo. Qiáozhì chángle yǐhòu, yě shì zànbùjuékǒu. Tāmen zài Xīnjiāpō de rìzi cóng nà tiān qǐ, zǎocān dōu shì yì tiān xīshì, yì tiān zhōngshì, dàjiā chī de dōu fēicháng kāixīn.

Lín zǒu de nà tiān, dàjiā zuòzài kètīng liáotiān. Sūfēi shuō: "Zhè duàn shíjiān wǒ chángdàole zhōngshì zǎocān de wèidào, yǒu de yì kāishǐ wǒ jiù xǐhuan, yǒu de gāng kāishǐ wǒ bù xǐhuan, hòulái mànmān xǐhuan le, yǒu de dào xiànzài wǒ háishi bù xǐhuan. Wǒ hái zhīdàole tóngyàng de miànfěn zuòfǎ bùtóng, yuánlái kěyǐ zuòchū wánquán bùtóng de wèidào lái." Gūfu shuō: "Ōuzhōurén xǐhuan hē niúnǎi, chī rǔzhìpǐn, shì yīnwèi nàlǐ yǒu hěn duō nǎiniú, xiānniúnǎi chǎnliàng hěn dà, chúle zhīchéng bǎocún shíjiān duǎn de yǐnyòng niúnǎi yǐ wài, hái zhīchéng bǎocún shíjiān cháng xiē de nǎiliào děng rǔzhìpǐn, zhèxiē dōu shì Ōuzhōu jiātíng de shēnghuó bìxūpǐn." Bàba shuō: "Yīnwèi wǒmen zhèlǐ dàmǐ hé huángdòu chǎnliàng hěn gāo, suǒyǐ wǒmen xǐhuan chī mǐfàn, hē mǐzhōu hé dòujiāng. Měi ge dìyù de rén dōu chōngfēn lìyòng zìjǐ de xiàn yǒu zīyuán, rénlèi zhēnshi tài cōngmíng le."

Gūgu shuō: "Tāmen xiànzài jiēshòu zhōngshì zǎocān le, kànlái huídào Lúndūn, wǒ děi duō zuò zhōngcān le. Zhōumò shí, quán jiā hái kěyǐ duō qù Tángrén Jiē chīchi zhōngcān." Māma shuō: "Wǒmen yǐhòu yě kěyǐ duō chángshì xiē xīcān. Qíshí, bùguǎn zhōngcān háishi xīcān, zhǐyào yǒu yíngyǎng, néng chī de guàn jiù hǎo!"

Zhème duō nián guòqu le, háizimen dōu mànmān zhǎngdà, tāmen zhōngcān hé xīcān dōu xǐhuan.

用中文读一读
Chinese Version

今年过年的时候,跳跳家和姑姑家都回到了中国。因为大家都既喜欢中餐也喜欢西餐,年夜饭中西合璧。大家聊起了中餐和西餐的话题,跳跳妈妈说起了十几年前和姑姑一家人在新加坡见面的往事。

在跳跳八岁那年,因为他的爸爸妈妈在新加坡找到新工作,他们全家人搬到了新加坡。爸爸妈妈都要上班,没有人照顾豆豆、跳跳和咪咪。妈妈决定去用人中介公司找一个能住在家里的用人,负责照顾孩子们、给全家做饭、接送孩子们上下学、打扫卫生等。妈妈带回来一位菲律宾用人,她叫目目。目目来家里的第一天,妈妈和她一起制定了一份早餐菜单。

星期一,目目六点起床,熬了稀饭,蒸了小笼包,煮了五个鸡蛋。全家人都吃得很开心。星期二,目目六点起床,做了豆浆,煮了五个鸡蛋,还到楼下买了油条。星期三,目目五点半起床,熬了稀饭,做了鸡蛋饼和凉拌黄瓜。星期四,目目五点四十起床,熬了八宝粥,做了馒头,还炒了一个青菜。星期五,目目六点半起床,熬了绿豆稀饭,煎了五个鸡蛋,蒸了花卷。星期六,目目五点起床,熬了皮蛋瘦肉粥,还做了牛肉馅饼。跳跳最喜欢吃星期六的早餐了。星期天,目目六点起床,煮了云吞面,咪咪吃了三碗,她很喜欢吃云吞面。

每天早上的早餐都特别好吃,全家人都特别喜欢吃目目做的中式早餐。看到大家都爱吃自己做的早餐,目目也特别高兴。

两个星期很快就过去了,跳跳的姑姑打电话说他全家要来新加坡旅游。跳跳的姑姑嫁给了一个英国人,他们有两个孩子,全家生活在英国。虽然两家的孩子们好几年没有见面了,但是经过一番自我介绍,很快他们就在一起开心地玩起来了。

可是,第二天早上,目目做的稀饭、鸡蛋饼和凉拌黄瓜,乔治和苏菲都不喜欢吃。苏菲说她想吃西式早餐,姑姑笑着说:"中式早餐的品种很多,有包子、馒头、花卷、油条、饼、粥、豆浆,还有各种小菜,营养均衡,味道也不错,你们为什么不尝尝呢?你们要入乡随俗,争取早点儿适应这里的中式早餐呀。"

跳跳妈妈看乔治和苏菲都吃不惯中式早餐,赶紧去超市买了面包、蛋糕、黄油、牛奶和草莓酱。他们一边接过早餐,一边道谢。两个人都非常饿,赶快吃了起来。平实妈妈很少让咪咪吃甜甜的食物,这回咪咪有机会吃啦。蛋糕又甜又松软，咪咪边吃边说"好吃"。妈妈在一旁笑了起来。

乔治说："西式早餐容易让人接受吧！一般西式早餐有蛋糕、面包、牛奶、芝士、鸡蛋和麦片，还有黄油和各种果酱，这些涂在面包上超级好吃。明天早晨，我来给大家做一次正宗的西式早餐怎么样？"

第三天，乔治给大家做了西式早餐，有煎培根、煎蛋、西红柿炖黄豆、炸土豆，还有酸奶。他准备的餐具是刀、叉子和勺子。豆豆、跳跳和咪咪都吃得很开心，嘴里不停地说："好好吃！爸爸妈妈也快来吃西式早餐呀。以后我们也每周吃几次西式早餐，让早餐更多样吧。"

妈妈听了说："好啊。苏菲、乔治，难得你们来叔叔婶婶家玩儿，明天让目目给大家做超级好吃的上海小笼包怎么样？你们一定会喜欢的。""嗯，我会试试看的。"苏菲和乔治不太积极地小声说。"太好啦！"豆豆、跳跳和咪咪大声欢呼。

第四天早晨，目目把做好的稀饭、上海小笼包和煮鸡蛋摆到桌上。苏菲坐下来尝了一口小笼包，一脸惊喜，"太好吃了，怎么说来着——上海小笼包真美味呀。我说得对吗？"她一边叫乔治快来尝尝，一边吃下了五个小笼包。乔治尝了以后，也是赞不绝口。他们在新加坡的日子从那天起，早餐都是一天西式，一天中式，大家吃得都非常开心。

临走的那天，大家坐在客厅聊天。苏菲说："这段时间我尝到了中式早餐的味道，有的一开始我就喜欢，有的刚开始我不喜欢，后来慢慢喜欢了，有的到现在我还是不喜欢。我还知道了同样的面粉做法不同，原来可以做出完全不同的味道来。"姑父说："欧洲人喜欢喝牛奶、吃乳制品，是因为那里有很多奶牛，鲜牛奶产量很大，除了制成保存时间短的饮用牛奶以外，还制成保存时间长些的奶酪等乳制品，这些都是欧洲家庭的生活必需品。"爸爸说："因为我们这里大米和黄豆产量很高，所以我们喜欢吃米饭、喝米粥和豆浆。每个地域的人都充分利用自己的现有资源，人类真是太聪明了。"

姑姑说："他们现在接受中式早餐了，看来回到伦敦，我得多做中餐了。周末时，全家还可以多去唐人街吃吃中餐。"妈妈说："我们以后也可以多尝试些西餐。其实，不管中餐还是西餐，只要有营养、能吃得惯就好！"

这么多年过去了，孩子们都慢慢长大，他们中餐和西餐都喜欢。

用英文读一读
English Version

During the Chinese lunar New Year this year, both Tiaotiao's and his aunt's families returned to China. Because everyone likes both Chinese and Western food, both styles have been served at the New Year's Eve dinner. The conversation turned to the topic of Chinese and Western food. Tiaotiao's mother mentioned the time they met with his aunt's family in Singapore over ten years ago.

When Tiaotiao was eight, his family moved to Singapore because his parents had found a new job there. Because his parents had to work, no one was home to take care of Doudou, Tiaotiao and Mimi. His mother decided to go to a maid agency to find a maid who could live at home and be responsible for caring for the children, taking them to and from school, cooking for the whole family, cleaning the house, and other household chores. His mother brought back a Filipino maid named Mumu. On her first day home, his mother and Mumu worked out a breakfast menu.

On Monday, Mumu got up at six o'clock, boiled porridge and five eggs, and steamed some small meat-filled buns. The whole family had a good time having breakfast. On Tuesday, she got up at six o'clock, made soybean milk, boiled five eggs, and went out to buy some deep-fried twisted dough sticks. On Wednesday, she got up at half past five, boiled some porridge, and made omelettes and cucumber salad. On Thursday, she got up at 5:40, made eight-treasure rice porridge (porridge made with grain, beans, nuts and dried fruit), steamed buns, and cooked vegetables. On Friday, she got up at half past six, boiled mung bean porridge, fried five eggs, and made steamed twisted rolls. On Saturday, she woke up at five, boiled porridge with minced pork and preserved egg and made beef pies. Tiaotiao liked Saturday's breakfast best. On Sunday, Mumu got up at six and cooked wonton noodles. Mimi ate three bowls as she really liked wonton noodles.

Every morning, breakfast was delicious, and the whole family liked to eat the Chinese breakfast very much. Seeing that everyone liked to eat the breakfast she prepared, Mumu was also very happy.

Two weeks passed quickly, and Tiaotiao's aunt called to say that her family was coming to Singapore for a visit. Tiaotiao's aunt had married an Englishman. They had two children, and lived in the UK. Although the children of the two families had not seen each other for several years, after some re-introductions they were quickly playing happily together.

However, the next morning, neither George nor Sophie liked the porridge, omelettes, or cucumber salad. Sophie said she wanted to have a Western-style breakfast, and Sophie's mother said with a smile, "There is a variety of Chinese breakfasts, including steamed stuffed buns, steamed buns, steamed twisted rolls, deep-fried twisted dough sticks, omelettes, porridge, soybean milk, and various pickles. They are balanced in nutrition and taste delicious. Why not try them? You should 'do as the Romans do when in Rome' and try to get used to the Chinese breakfast here."

Tiaotiao's mother saw that George and Sophie were not used to Chinese breakfast, and she went to the supermarket to buy bread, cakes, butter, milk and strawberry jam. She prepared breakfast, and they thanked her and ate quickly as they were very hungry. Tiaotiao's mother seldom let Mimi eat sweet food, but allowed her to eat it this time. The cake was sweet and fluffy, and Mimi said while eating, "Delicious." Her mother laughed.

George said, "Western breakfasts are liked by many! Generally, a Western breakfast will have cakes, toast, milk, cheese, eggs and cereal as well as butter and various jams which are very delicious on toast. Tomorrow morning, how about I make an authentic Western breakfast for everyone?"

The next day, George made a Western breakfast for everyone, including fried bacon, fried eggs, stewed beans with tomatoes, fried potatoes, and yogurt. On the table were knives, forks and spoons. Doudou, Tiaotiao and Mimi ate joyfully and kept saying, "So delicious! Mum and Dad, come to have some Western breakfast. We should have Western breakfast several times a week for a change."

Their mother heard this and said, "Okay. Sophie, George, it's rare that you visit us. How about letting Mumu make some very delicious Shanghai small steamed meat-filled buns for everyone tomorrow? You will love them." "Alright, we'll try them," Sophie and George said unenthusiastically. "Great!" Doudou, Tiaotiao and Mimi all cheered loudly.

On the fourth morning, Mumu put the porridge, Shanghai small steamed meat-filled buns and boiled eggs on the dining table. Sophie sat down, had a mouthful of a bun and said in surprise, "Very delicious! I should say that Shanghai small steamed meat-filled buns are so delicious." She asked George to taste the bun while busy eating five meat-filled buns. After George tasted the bun, he was full of praise. From that day on in Singapore, their breakfasts alternated between Western and Chinese styles. Everyone was very happy.

On the day before their departure, everyone sat in the living room and chatted. Sophie said, "I have tasted Chinese breakfast during this time. In the beginning, there was some Chinese food I liked, and some I didn't like. Though now I like most of it, there is still some I don't like. I've also learned that different types of food can be made with the same flour according to different cooking methods." Tiaotiao's uncle said, "Europeans like to drink milk and eat dairy products because there are many cows there, so there is a lot of fresh milk. Except for milk, which can only be preserved for a short time, a lot of dairy products like cheese are made which can be preserved for a long time. They are the daily necessities of European families." Tiaotiao's dad said, "Because our output of rice and soybeans is high, we like to eat rice, porridge and drink soybean milk. People in every region make full use of their available resources. People are smart in this way."

Tiaotiao's aunt said, "It seems they are accepting Chinese breakfast. When I go back to London, I will cook more Chinese food. On the weekend, we can go to Chinatown for more Chinese food." Tiaotiao's mother said, "We can also try some Western food in the future. In fact, as long as the food is nutritious, we can get used to eating it."

Many years passed, and the children grew up liking both Chinese and Western food.

❶ Level Chinese 在做什么

Level Chinese致力于为幼儿园、小学及初高中的汉语学习者提供精准的汉语阅读分级服务,其开发的汉语水平分级框架根据语法、词汇量和阅读技能等要素,将汉语水平分为20个级别。

Level Chinese目前可提供的服务有:

1. 在线评估和数据分析服务。学生可通过在线平台测试自己的汉语水平,系统可提供即时数据,方便教师清晰地了解和准确地评估每名学生的汉语阅读水平及进展。

2. 中文图书分级服务。根据Level Chinese开发的20个级别的汉语水平分级框架为文学类和非文学类中文图书进行分级(其中包括"华语阅读金字塔"汉语分级阅读系列全部图书及华语教学出版社出版的多套汉语分级阅读系列丛书),便于学生根据自身水平选择阅读书单。

3. 配套阅读理解练习。为所有已分级的图书提供配套的阅读理解练习(worksheet,见右图),帮助学生在阅读的同时进一步巩固所学的语法知识和阅读技巧。

worksheet

❷ Level Chinese与ACTFL 分级对照表

Level Chinese	ACTFL	Level Chinese	ACTFL	Level Chinese	ACTFL
A	Novice Low	H	Intermediate Low	O	Intermediate High
B	Novice Mid	I	Intermediate Mid	P	Advanced Low
C	Novice Mid	J	Intermediate Mid	Q	Advanced Low
D	Novice High	K	Intermediate Mid	R	Advanced Low
E	Novice High	L	Intermediate High	S	Advanced Low
F	Intermediate Low	M	Intermediate High	T	Advanced Low
G	Intermediate Low	N	Intermediate High		

❸ 本故事级别为 Level Chinese L

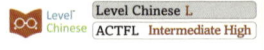

Level Chinese L: 此级别图书包含绘本书和无图文本,每本30~60个句子,大部分句子是25个字左右的较长句子。L级图书以非重复性复合句为主,可能包含多个短段落,可能包含细节描写或表达观点的句子,可能包含多种修辞方法。L级图书所用词语包含部分高频词和部分书面语。图书部分内容可能超出日常生活。此级别图书的图画可能包含更多细节。